EMILE GARAUD
TYPOGRAPHE

LES

Pamphlets

Rouges

FOIX
IMPRIMERIE TYPOGRAPHIQUE J. FRANCAL

EMILE GARAUD

Typographe

—

LES

PAMPHLETS ROUGES

FOIX

IMPRIMERIE TYPOGRAPHIQUE J. FRANCAL

—()—

PRÉFACE

La meilleure conquête de l'homme étant sans contredit celle qui lui permet de manifester sa pensée, il faut, avant tout, que cette pensée soit juste si l'on veut rendre à l'Art graphique l'hommage auquel il a droit.

C'est le seul objectif qui nous anime — être juste — en publiant cet opuscule.

Sans doute, à la perspective de notre nom, les satisfaits vont s'obstiner dans une farouche pusillanimité. Qu'ils se rassurent.

Les *Pamphlets Rouges* n'ont rien de dangereux pour les partisans de « l'ordre », leur lecture ne soulèvera pas plus les pierres qu'elle n'empêchera le député Delcassé de convoiter soit la situation du président Félix Faure, soit le trône de S. M. Chu la Long Khorn.

Si nous avons choisi ce titre, c'est parce qu'il nous a paru, mieux que tout autre, évoquer l'image de la République, — hélas ! « si belle sous l'Empire ! »

Militant dans la grande lutte sociale, la République — c'est-à-dire l'Humanité — a été à nos yeux quelque chose de si grand, de si élevé, de si puissant, que notre esprit a pu oublier, durant longtemps, les plus graves défections.

Les mots Liberté, Egalité, Fraternité ont empli notre âme, car elle allait enfin, la devise républicaine, délier les hommes de tout enchevêtrement, grâce à l'ascendance et la supériorité de l'intérêt collectif sur le particularisme.

Mais aujourd'hui il a fallu en rabattre.

Le « tout est pour le mieux » de Voltaire semble écrit pour cette fin-de-siècle, tandis que par un paradoxe étrange, la défiance s'empare insensiblement de la Société.

Pourquoi ? — Adressez-vous à l'*égoïsme*.

Oui, l'égoïsme nous assiège, nous étreint, et finalement nous étouffera. Et c'est vraiment être prophète à bon marché, de prédire, devant les divergences sociales, que du conflit provoqué par l'égoïsme naîtront, si l'on n'y prend garde, les pires exactions.

Mais les *Pamphlets Rouges* aspirent à une autre ambition que de dénoncer les dangers de la Société actuelle. Ils cultivent aussi l'*idéal*.

Rien, en effet, dans le monde, pas plus pour les collectivités que pour les individus ; pas plus pour l'amitié que pour le pouvoir : rien ne peut se fonder, ne peut durer et s'épanouir, si la notion de l'Idéal en est absente.

C'est cette notion qui écrasera l'égoïsme, c'est cette notion qui justifie l'apparition de nos *Pamphlets*.

EMILE GARAUD.

LE SOCIALISME S'IMPOSE

On croit encore aujourd'hui qu'il
y aura toujours des riches et des
pauvres ; le temps fera justice
de ce préjugé égoïste et décou-
rageant.   Ed. Abour.

En élevant la pensée au-dessus de cette casemate
que les économistes « distingués » appellent sans
sourciller la *Société*, on n'a pas grand'peine à
constater que notre mère la Terre est assez riche
pour nous permettre de laisser de côté des idées
par trop pessimistes.

Nous sommes loin, en effet, des heures qui fai-
saient de l'homme un être inférieur et seuls,
certains de nos musées, ont un pâle reflet de
l'époque préhistorique.

Tout sourit à l'homme : l'eau a été asservie
d'une façon plutôt surnaturelle — et le mot n'est
pas risqué si l'on songe aux magnifiques obtentions
dûes à la vapeur ; les produits souterrains ont
été judicieusement utilisés ; le fluide électrique
est devenu le puissant auxiliaire de nos relations :
en un mot, tout ce qui nous entoure, nous convie à
une existence désormais méritée, digne de l'homme.

Méritée, je le répète, parce que, considérant la
marche de la civilisation, des phases ayant abouti à
l'affranchisssement, on peut conclure que nous
avons subi assez de misère et devons éloigner la
mortifiante réflexion : « Demain, y aura-t-il du
pain ! »

Disons-le bien haut : l'humanité est faite pour le
bien-être. Ainsi que les poètes, les savants finissent
par avoir raison. Or, ne sont-ce pas les savants qui,
sous l'égide de la science, écrivent : « L'animal le
plus parfait, c'est l'homme » ?

Et suffira-t-il d'examiner le problème social d'après les données de certains esprits intéressés et subtils pour démentir — à l'encontre du simple bon sens — l'axiome précité? Sera-t-il entendu que nous devenons les victimes de notre propre intelligence?

Non, mille fois non !

La vérité est que, ainsi que l'ont surabondamment prouvé les grands apôtres du Socialisme, la Société est nettement divisée en deux camps : le premier jouissant de la richesse sociale sans produire lui-même; le second produisant cette richesse sans en jouir.

Le mal social réside dans ce dilemme, et ainsi s'explique cette terrible vérité : l'exploitation de l'homme par l'homme.

Une infime minorité détient aujourd'hui les branches du progrès, et ce, au détriment de la collectivité. La criminelle invitation de Guizot : « Enrichissez-vous ! » ayant été prise au pied de la lettre, la vie n'est plus qu'un pourchas continuel de la fortune.

L'industrie et le commerce n'ont d'autre aboutissant que les billets de banque pour les uns ; la faim et la prison pour les autres. La loyauté et la solidarité existent seulement sur les livres.

Parlez par exemple à Rotschild et autres Resseguier du cas de ce petit enfant trouvé mort dans le dénument sur le seuil d'un palais !

Essayez d'expliquer à certains esprits s'étiolant dans le surplus que le paupérisme deviendrait, s'ils le voulaient bien, une chose ayant vécu ! Autant vaut chercher le mouvement perpétuel. La bourgoisie — nous désignons les détenteurs des richesses — n'ayant aucune notion de l'existence réelle, tombe dans le gâtisme, ferme l'ouïe aux revendications prolétariennes et ne trouve par conséquent rien à répondre à l'avertissement de Jules Guesde : « La révolution se fera malgré vous ;

il dépend seulement de vous, qu'elle ne se fasse pas contre vous ! »

Eh bien ! le Socialisme, par sa doctrine que ses détracteurs les plus cotés de la classe dominante ne peuvent attaquer sans rendre plus forte, est seul capable d'améliorer le sort du déshérité, d'apporter le bonheur a celui que la Bourgeoisie a lâchement exclu de tout patrimoine, de toute place sous le soleil.

Seuls, les collectivistes substitueront l'abondance à la pauvreté, en *régularisant* les richesses, c'est-à-dire *en créant la propriété individuelle* qui n'existe pas aujourd'hui ; seuls, les socialistes donneront au travailleur le fruit intégral de son labeur, en empêchant que d'aucuns aient le privilège d'intercepter un fragment quelconque du travail acquis.

Alors seulement, et quoi qu'on dise en haut lieu, les heures de déchaînement, de lutte de classes — et de castes — si criardes aujourd'hui, seront à jamais finies.

Alors seulement la joie pénètrera dans la famille ; la bonne harmonie règnera dans la Société et l'humanité, s'épanouissant enfin sous l'action bienfaisante des institutions nouvelles, ne jettera plus l'anathème... contre elle-même !

PETITS ENFANTS

Mettons les forces sociales à la disposition de tous, et alors nous verrons qui l'emportera de vos petits crevés dont le travail cristallisé des prolétaires a doré les berceaux, ou de nos travailleurs habitués à la peine. — B. MALON.

Ainsi que l'a dit Paul Lafargue, le Socialisme est « la science qui apporte une solution à la situation créée par la centralisation capitaliste ». Aussi comprend-il dans sa sollicitude toutes les victimes de cette centralisation, savoir : l'homme, la femme, l'enfant.

A vrai dire, il n'est rien de si tristement imaginable que le sort réservé par l'avenir aux enfants prolétaires. Comparons le jeune pauvre au jeune riche : partout, dans la maison, à l'école, dans la rue, quelle touchante différence, quel douloureux contraste !

Et cependant quel spectacle à la fois réjouissant et tendre... Il nous vient le charmant petit être ; son visage appelle l'admiration et la joie ; tout se tait quand il pleure, la nature est en délire lorsqu'il sourit, en un mot, le nouveau-né, dont le génie se cache dans l'extase, a le privilège de transfigurer, d'enoblir tout ce qui existait avant lui.

Aussi avec quel empressement, avec quelle délicate attention les parents, heureux, le prennent-ils dans leurs bras pour mieux le contempler...

Mais ne remarquez-vous pas aussi, chez ce père, chez cette mère, un léger voile de tristesse ?...

C'est qu'en parlant du nouveau-né, Victor Hugo a érit :

Son doux regard qui brille fait briller tous les yeux

Les yeux qui voient naître, ne brillent pas d'habitude ? Hélas ! non. Travaillant douze, quinze et même dix-huit heures par jour afin d'entretenir les subsides à la maisonnée, le père oublie un instant les chagrins qui l'étreignent, mais il est bientôt forcé de revenir à l'effrayante réalité.

Il semble, en effet, à mesure que la production s'amoncelle, que l'indigence s'abat davantage sur l'intéressant ménage. Infortuné travailleur, ce n'est pas pour lui qu'il peine, ce n'est pas pour son fils que la richesse se montre : c'est pour l'hydre capitaliste !

Voyez maintenant la mère. Les difficultés de vivre l'obligent de se mettre, à son tour, au service du repu, de l'inutile, du privilégié et alors, ô crime des crimes, pendant que la désespérée maman savonnera les langes du jeune bourgeois, son fils à elle s'égosillera à pleurer après le sein !

Et quand le soir, exténués, les parents regagnent le domicile conjugal, c'est tout juste s'ils n'y aperçoivent pas un angélique cadavre !

Ah ! parmi les pleurs légitimes, ceux de l'enfant appelant sa mère sont les premiers à compter !

Et, comme l'a fait si hautement remarquer Aline Valette, ce n'est pas fini. A peine débarrassé du maillot, l'enfant pauvre est contraint à gagner sa vie. Entendez-vous bien : *gagner sa vie !*

Reconnaissons-le : de toutes les réformes attendues, celle qui doit affranchir définitivement l'enfance est la plus impérieuse. Peut-être est-ce là le motif qui réduira le prolétariat à l'arracher avec violence des flancs de la société détestable que nous subissons.

Le lecteur se rappelle, sans doute, l'affaire Grégoire et la mort du petit martyr parisien. Il n'y eût pas à ce moment jusqu'à la bourgeoisie, dont l'égoïsme à pourtant cadenacé le cœur, qui ne fît montre de sensibilité !

Ainsi, vous avez pleuré, chères opulentes : c'est bien, mais cela ne suffit pas. Demandez un peu à vos augustes pères ou à vos impeccables maris comment ils s'y sont pris pour se faire des rentes. Prenez la peine de faire une promenade, non pas au bois — le souvenir de la Rothschild, morte en chevauchant, vous l'empêche — mais à l'atelier, à la carrière, à la mine. A coup sûr, pimpantes dames et vous candides demoiselles, vous trouverez là de quoi satisfaire vos convulsions attendries ! Vous verrez de suite les émules de Calixte Grégoire augmenter en d'inquiétantes quantités.

Vous êtes sentimentales, mais vous ne répondez pas au grand poète. Entendez-le :

> Où vont tous ces enfants dont pas un seul ne rit ?
> Ces doux êtres pensifs que la fièvre maigrit ?
> Ces filles de huit ans qu'on voit cheminer seules ?
> Ils s'en vont travailler quinze heures sous les meules !

Voilà, ou nous n'y entendons rien, de quoi pleurer et pour de bon.

Mais le parti socialiste ne se contente pas de pleurer. Aussi demande-t-il dans son programme l'interdiction du travail des enfants dans les ateliers privés au-dessous de quatorze ans ; et de quatorze à dix-huit ans, réduction de la journée de travail à six heures. L'article VI du même programme se préoccupe de l'éducation infantile : Instruction scientifique et professionnelle des enfants mis pour leur entretien à la charge de la Société, représentée par l'Etat et par la Commune.

L'application de ce programme sera la sauvegarde de l'enfance. Et c'est ainsi que nous ne verrons plus des gamins âgés de dix-huit ans et des vieillards âgés de trente !

LA FEMME DU PEUPLE

O riches ! c'est la misère et la mauvaise éducation qui font les crimes et vous ne faites rien pour combattre ces deux fléaux, au contraire ! Thomas MORUS.

Avez-vous jamais remarqué ce visage ridé, ce corps au dos voûté, l'œil sans flamme ? Cette créature méconnaissable et vêtue sordidement s'appelle la femme du peuple. Comment se trouve-t-elle de ce monde ? Pourquoi erre-t-elle continuellement au lieu d'avoir son logis, son foyer ?

La malheureuse n'en sait rien elle-même. La misère et la maladie ont terni son cerveau : elle divague !

Telle est généralement la femme pauvre quand les iniquités sociales terminent leur œuvre démoralisatrice.

A ce propos, ces jours derniers me tombait sous les yeux un fragment de journal contenant un article ayant trait au suicide d'une jeune ouvrière qui, avant d'allumer le réchaud traditionnel, avait écrit quelques lignes expliquant son acte de désespoir. Ces lignes étaient ainsi libellées : « Entre la mort et la prostitution, je préfère la mort. » Cette tentative de suicide n'a heureusement pas eu de suites graves, ajoutait le journal ; la malheureuse sortira sous peu de l'hôpital.

Et après ? Après, cette femme, jeune encore, ne sera pas plus avancée ; elle pourra recommencer sa dangereuse tentative... et la mieux réussir. Un réchaud, quelques morceaux de charbon de bois — ou la prostitution, c'est jusqu'à présent tout ce qu'ont mis à la disposition de la femme ces charlatans chargés de son émancipation.

Elle a fait couler des flots d'encre, cette émancipation, noircir bien du papier, et cependant la situation sociale de la femme n'est pas plus améliorée qu'il y a un siècle.

La vérité est que l'émancipation de la femme dans la société actuelle n'est qu'un mensonge de plus fomenté par la Bourgeoisie qui a pris à l'ancienne Féodalité jusqu'au droit de jambage.

Depuis sa naissance jusqu'à la mort, la femme est sous la domination de l'homme. Pendant son enfance, au moment ou son jeune cerveau commence à saisir les actes se produisant autour d'elle, que voit la fillette ? Souvent de la part du père des actes d'autorité auxquels la mère n'est pas toujours étrangère. Plus tard, à l'école, l'instruction qu'elle y reçoit ne peut lui donner idée de ce que doit être la femme.

A l'atelier, que devient la jeune fille ? Pour « garder son emploi » elle est courbée à un labeur trop dur pour ses membres délicats ; elle est à la fois apprentie, cuisinière, femme de chambre... et bonne. Quel dommage, en certains cas, qu'on n'en puisse faire une nounou ! Aussi la pauvre enfant, voulant s'affranchir de l'écrasant joug patronal, s'empresse-t-elle de prêter une oreille bienveillante aux premières « douces » paroles qui lui sont adressées.

La juvénile personne acquiesce bientôt aux propositions des vieux paillards qui, toujours à l'affut de fleurs nouvelles, guettent sa sortie, pour, moyennant un chapeau à plumes ou une robe à falbalas, revivifier un peu leur affreuse carcasse ! Et voilà la jeune fille à jamais flétrie, condamnée au vice, déshonorée !

Celles qui ont le bonheur d'échapper à toutes ces embûches et qui peuvent se donner à ceux qu'elles aiment, obligent parfois leur époux à aller faire sanctionner l'union par un ensoutané qui, regardant la mariée d'un œil envieux, bénira le couple en baragouinant : « C'est ce soir... à telle heure... que M. Un Tel aura le bonheur de... »

C'est puéril et surtout ridicule.

Sans parler des désaccords survenant entre mari et femme et qui ont souvent pour mobile la *question pécuniaire* à qui incombe la tâche de l'émancipation de la femme? Est-ce au bourgeois, lequel se soutient par cupidité ?

C'est à nous, prolétaires, c'est au parti socialiste qu'incombe ce fardeau.

Nous le savons. L'on ne détruit pas en un jour les ignominies étayées par des siècles ; mais en sapant continuellement les défauts de l'organisation sociale actuelle, le peuple comprendra qui le trompe et pourquoi on le trompe.

Quand nous l'aurons débarrassée du stigmate de servitude qui l'opprime, la femme s'emploira librement au développement de ses facultés : l'art et la science doivent être les seules passions du sexe beau. A ces conditions seulement, la jeune fille aura une idée exacte, réelle de l'Amour... et nous n'aurons plus à évoquer le vers de Musset :

Lise vend des baisers pour un morceau de pain !

L'HOPITAL

> Le premier devoir de la société est de
> mettre fin à cet abominable état de
> chose en vertu duquel ou voit des foules
> affamées, déguenillées, se désespérant
> devant les amoncellements de richesses
> produites par elles et accumulées par
> des oisifs, au nom d'une chose morte
> (le capital) qui dévore des êtres vivants
> (les travailleurs).   Benoît Malon.

Ah! c'est en vain que dans tous les pays du monde gouvernants et philanthropes s'efforcent de lui donner un relief riant et artistique : l'hôpital offre plutôt la façade d'une prison que celle d'un hôtel de préfecture. Aussi les miséreux, pour qui il a été érigé, sont-ils pris d'une insurmontable et involontaire répulsion quand la fatalité les force à franchir le seuil de ce temple douloureux.

Beaucoup préfèrent la mansarde nue et désolée, où gît, dans un coin, un misérable grabat, à ses salles si aérées soient-elles, à ses couchettes pourvues de fortes couvertures, à ses lits symétriquement rangés.

Que de fois la mère, l'épouse, ont préféré porter au Mont-de-Piété — ce cousin-germain de l'Hôpital — jusqu'au dernier haillon plutôt que de livrer à l'Hôtel-Dieu les êtres qu'elles chérissent ? Confier à des étrangers le soin de veiller sur leurs malades leur semble un acte contraire à la Raison et une offense faite à l'amour.

Le déshérité a horreur de l'hôpital, parce qu'il sait que là particulièrement le malade ne s'appartient plus, et, quand nous parlons de prison, est-il chose plus attristante de penser qu'un agonisant ne peut être visité par les siens qu'à des heures déterminées ? Qu'il est par conséquent impossible de lui apporter les quelques soulagements que la tendresse suggère ?

Pauvre mère ! son fils unique jette peut-être en
ce moment le dernier râle, et il ne lui sera pas
permis de lui donner le suprême baiser d'adieux !

Nous disions qu'à l'hôpital le malade ne s'appartient plus. Le malheureux n'est même plus un être
humain à qui l'on donne des soins... mais un sujet
d'études médicales auquel professeurs, carabins et
« morticoles » s'intéressent beaucoup moins qu'aux
expériences les plus variées et surtout les plus
étranges.

Ce n'est pas toujours par amour de l'humanité
que les futurs spécialistes et docteurs en renom font
un long stage dans cet intérieur que seule la Mort
semble faire vivre. Ils viennent étudier pratique-
ment la conformation du corps humain, ou exercer
leur habileté chirurgicale, dont ils sauront tirer un
grand profit plus tard, sur la chair à scalpel que
leur envoie quotidiennement la Misère, cette grande
pourvoyeuse d'amphithéâtres !

Rien, mais rien, à l'Hôpital, n'indique au malade
le chemin de la guérison. Et les sœurs aux blanches
cornettes ont beau illuminer de leur pâle sourire
cet asile de la souffrance — qu'elles terrifient parfois
en exigeant d'un moribond une « dernière prière —
le patient voit venir à lui et malgré lui le dernier
spasme.

Oh ! pour les bonnes sœurs ! quelle magnifique
provision de plaisirs ne se préparent-elles pas
là-haut, soit par la multitude de b...ols de tisane
qu'elles distribuent ici-bas, soit lorsqu'après mille
fascinations elle parviennent à arracher la phrase
sacramentelle qu'un fiévreux prononcera entre
deux hoquets : « Je crois en Dieu ! » Et au fait, il y
a de quoi !

Aussi elles s'intéressent peu au choses de ce
monde, ces pauvres abusées qui sacrifient leurs
joies, abandonnent leurs plus proches et les satis-
factions les plus intimes, au chimérique bonheur de
l'autre.

Voyez aussi l'infirmier. Ne comptant pour toute

récompense que sur un maigre salaire, n'entre-
voyant d'autre paradis que d'aller gagner sa vie
sous une atmosphère moins menaçante, il ressem-
ble plutôt à un concierge de musée Grévin qu'à un
garde-malade.

Sans compter les injustices qui s'y produisent,
puisque *suivant votre fortune on vous soigne*, l'Hôpital est le fatal dénouement de la navrante existence
des pauvres, le terrifiant rendez-vous de toutes les
misères et de tous les vices où la Mort plane et
moissonne sans cesse sous les regards épouvantés
des agonisants !...

. . . .

O Socialisme ! Viens répandre ton fluide régénéra-
teur sur cette grande blessée qui s'appelle l'Humanité, et les affligés, que les brutalités sociales obligent de se calfeutrer à l'Hôpital, auront bientôt de
doux pasteurs !...

ALCOOLISME ET DÉPRAVATION

Les grandes fortunes sont faites
d'infamies ; les petites de saletés.
Henry BECQUE.

Il est certains sujets économiques faits pour rappeler les maladies chroniques. Ces dernières, on les croit parfois oubliées, mais va te faire lanlaire ! Un brusque retour de la douleur les ramène et vous voilà de nouveau en pleine crise : névralgie, bronchite, etc...

Tel est l'alcoolisme, question qui, sans provoquer les bronchites et *tutti quanti*, n'en est pas moins remontée à la surface du réservoir social, laissant ainsi sous elle d'autres sœurs non moins intéressantes, lesquelles ne tarderont, pas à se montrer aussi.

Rentrons dans les faits, chose assez pénible, du reste, car de même qu'on n'avait pas à demander de sensibilité au Chopard du *Courrier de Lyon*, nous n'avons pas trop à attendre, en équité sociale, de Paul Leroy-Beaulieu, le même prouvant par A+B que le riche paye trop d'impôts, l'ignare Leroy et le versatile Beaulieu oubliant que de ne pas en payer du tout est le pire de toutes les situations ; ni de l'ancien démagogue Yves Guyot, le ministre aux inaugurations à 500 fr. par jour, le même Guyot qui approuve la propagande socialiste faite en Allemagne, en Angleterre etc., mais qui essaye (le naïf et imbécile Guyot), d'arrêter Guesde et Jaurès dans leur lutte opiniâtre contre le Capital affameur ! Mais encore une fois, ne nous perdons pas en dissertations inutiles et examinons notre sujet.

Les capitalistes, disions-nous, reprochent au prolétariat de « s'adonner à la boisson ».

Personnellement, je ne sais pas au juste si l'ouvrier absorbe autant qu'on l'affirme en haut lieu. Ce qui est autrement sérieux, c'est qu'il travaille et, partant, produit.

Les bourgeois peuvent-ils en dire autant ? Il n'est pas d'heure, que dis-je, de minute, sans que l'on n'aperçoive, sur les terrasses aristocratiques, quelques-uns de ces types dont Forain sait si bien saisir les manières, toutes différentes de celles du chemineau ou du forgeron.

Admettons-le : le travailleur boit. Ou ? Quand ? peu importe. Mais, à notre avis, il n'y a là aucune étrangeté. Comment, voilà une classe qui peine sans espoir de relâche, n'ayant qu'une loi, celle du travail, n'ayant qu'un but : proscrire la misère, et lorsque l'estomac délabré, les membres meurtris, l'œil atone, une de ces rudes et solides structures auxquelles les gateux du *far niente* ont peine à reconnaître l'homme, se permet de dépenser deux sous croyant se réconforter, hélas ! les thuriféraires du Capital viendront lui reprocher de se laisser gagner par l'alcool ??

Nous le redirons à satiété, messieurs du ventre redondant, venez vous mettre à nos côtés, vous dont la sobriété est sur le point de devenir proverbiale, et nous verrons si vous vous trouverez bien après le marteau-pilon et la varlope.

La passion la plus redoutable n'est pas dans la boisson, mais bien chez vous, ô oppresseurs sans scrupules : elle consiste à absorber le sang du prolétaire par l'entremise d'un vil métal jaune.

L'ouvrier est-il libre de fraterniser ? Nous dirons qu'il y est obligé. Ses devoirs de père, de citoyen et de travailleur l'exigent. Aussi est-ce pour ce motif que les apôtres de la bourgeoisie essayent de donner le change : « Le pauvre, disent-ils en substance, n'est pas inquiété par la situation que lui fait la Société ; il est tracassé par abus d'alcoolisme. »

Sans doute, nous ne pouvons fréquenter — et pour cause — les « Grands-Glaciers » et nos caves n'ont rien de commun avec les produits de Corinthe ; mais quand on pense que le peu de liberté dont nous jouissons est toujours menacé ; que les associations ouvrières — exemple la Bourse du Travail de Paris — n'offrent plus de sécurité ; qu'en un mot nos droits les plus élémentaires sont sans cesse en suspicion... nous faisons comme on dit : flèche de tout bois !

Faute de pouvoir discuter nos intérêts dans les cercles au plafond lambrissé, nous nous contentons du « troquet » du coin où l'on respire un tant soit peu d'autonomie, et à l'encontre de ces milieux à l'aspect oriental dans lesquels il se décide, en compagnie des Petits-Chevaux, les maquignonnages les plus éhontés !

Ah ! les repus le savent mieux que nous. Ce n'est pas l'alcoolisme la vrai cause du malaise chez le peuple. Au demeurant, le vin — pour ne citer que cette boisson — augmente annuellement en production ; les taxes semblent suivre cette marche ascendante.

Le régime des boissons n'a rien à faire à tout cela. Ce qu'il faut, c'est la transformation, le changement du régime social tout entier !

Maintenant veut-on des chiffres ? Voilà encore de quoi satisfaire les « économistes distingués ».

Nous lisons dans la *Médecine Moderne* :

M. James White vient de publier un travail, résumé de 30 années d'expérience, sur l'alcoolisme. Dans la statistique générale, il compte parmi les décès dus à l'intempérance habituelle : **10 pour 100** *d'ouvriers, 13 pour 100 de commerçants, 17 pour 100 de commis-voyageurs et* **20 pour 100** *de rentiers et d'hommes du monde.*

Que vous disais-je ? Et cette conclusion, assez imprévue, que l'ivrognerie est du double plus élevée dans la classe bourgeoise que dans la classe ouvrière, n'est-elle pas faite pour vous plaire et pour vous donner bon espoir ? Allons sagace Leroy-Beaulieu et toi érudit Guyot, dans quel rang s'agitent la calomnie et la dépravation ?

PATRIE ET INTERNATIONALISME

Les nations sont appelées à n'en
faire qu'une grande qui abattra
les frontières.   CHEVREUL.

Jean-Jacques a dit : « S'il n'y avait pas de luxe, il
n'y aurait pas de pauvres. » Nous nous permet-
trons d'ajouter : S'il n'y avait pas tant d'inutiles
institutions, le mal social serait à naître. Et, au premier rang de l'inutilité, se trouve le militarisme.

Depuis quelque temps, en effet, on ne trouve pas
d'injures assez fortes pour les lancer à la tête de
ceux qui, à propos du culte patriotique, ont une
opinion différente à celle du... général Billot, par
exemple.

Qu'entend-on par ce mot : Patrie ?

Certes, bien des volumes ont été écrits sur cette
grave question, mais partout le mot *patrie* offre une
signification vague. La meilleure définition nous
serait donnée, paraît-il, par Paul-Louis Courrier :
« La patrie est là où je suis bien. » Malheureuse-
ment, la brutale conception de Courrier ne peut
être admise que par les amis de la casuistique : elle
ne trouve aucun crédit chez l'homme en général.

L'altruisme se développant de plus en plus dans
la grande famille humaine — l'armée toujours gros-
sissante du parti socialiste en est la preuve indé-
niable — et, en outre, notre race étant une fille du
Rêve, il arrive parfois que la conception patriotique
nous sert d'Idéal, ce stimulant indispensable de
l'esprit humain.

Veut-on désigner aussi le sol où l'on est né ? Dans
ce cas nous nous demandons si les soldats tombés
à Madagascar, au Dahomey ou au Tonkin, sont
morts pour la patrie.

Si la patrie est un peuple parlant la même langue, le Canada, la Belgique et une partie de la Suisse sont Français. L'Alsace, le Comté de Nice, qui ont toujours eu, la première le langage allemand, le second le langage piémontais, n'ont jamais été Français. Si nous parlons des mœurs, comment rapprocher celles du Marseillais à celles du Tourangeaux ? Comme le fait remarquer M. Hamon, il serait difficile aux chauvins — s'ils existaient — de sortir de là.

La vérité est que la seule réponse faite par les gouvernants au prolétariat se renferme en trois mots, la patrie est synonyme de : Gloire, Honneur, Drapeau.

Eh bien ! nous n'en voulons plus de cette gloire dont la rançon s'appelle : deuils, larmes, sang ! Ah ! vous êtes patriotes, messieurs les bourgeois. Mais le peuple l'est plus que vous, les actes sont là.

Seulement il veut enfin réagir contre ce préjugé stupide de croire qu'il faut tuer les gens parce qu'ils ont eu le malheur de naître de l'autre côté d'un fleuve, d'une montagne ou d'une mer. Et n'est-ce pas, d'ailleurs, le comble de l'ironie d'entendre le député-financier-cosmopolite Aynard exhorter les travailleurs au patriostisme ? Est-ce que l'argent a une patrie, M. Aynard ? Est-ce que l'Art a une patrie ?

Alors qu'on nous dise si le travail a une patrie !

Loin d'être antipatriotes, les travailleurs sont au contraire des *sans-patrie*.

Nous sommes des sans-patrie depuis que la patrie est devenue un vaste champ d'exploitation pour le patron, l'agioteur ou le mercantile. Nous sommes des sans-patrie, parce que si la patrie existait, son premier devoir serait d'assurer à ses enfants les premiers éléments de la vie.

Le riche, l'aisé, seul, jouit des bienfaits de la patrie, lui seul doit la défendre.

D'autre part, que devient l'homme quand l'âge l'appelle « sous les drapeaux » ?

Quelquefois c'est l'aîné de la famille, le soutien du « foyer domestique » qui est obligé de quitter ceux qu'il aime, comme si c'est à cinq mille lieues du pays qu'il peut protéger ceux qui l'ont élevé jusqu'à vingt ans !

Il part pour une terre nouvelle, c'est-à-dire inconnue. Reviendra-t-il ? Cruelle question, car il y a lieu de tout croire. En tout cas, du jour où il endosse l'uniforme, le soldat ne s'appartient plus. Qu'il reste dans la Métropole ou que la fatalité l'éloigne du sol natal, il est sûr de ne trouver en face qu'une chose : la discipline.

Ici sera la grève qu'il faudra réprimer, comme à Carmaux, où la manifestation, comme à Fourmies ; là seront les fièvres paludéennes ou nostalgiques qu'il faudra combattre, en plus de l'idée fascinante de l'autonomie vers laquelle l'homme est naturellement porté.

Ah çà ! Est-il vraiment utile qu'un attirail de guerre soit éternellement tourné vers l'humanité ? Et qui viendra nous faire accroire que l'esclavage est aboli alors que, nouveau Spartacus, nous en sommes à rechercher sans trêve la Grande-Abandonnée, c'est-à-dire la Liberté !

Les détenteurs des lois — et quelles lois — sociales, n'y viendront donc pas à savoir que la dignité, l'indépendance sont les nobles causes sans lesquelles la vie est impossible, et que le militarisme ne s'harmonise pas avec elles !!

Quant à nous, nous saluons les combattants en faveur de la civilisation, du progrès, de la paix sociale ; nous nous inclinons devant les futurs Galilée et Régulus, et nous condamnons sans rémission aucune les adeptes plus ou moins attitrés de César. Il faut que l'outil brise le sabre !

———————

LA QUESTION AGRICOLE

> Que nous importeut vos lois de
> propriété ? Nous ne possédons
> rien. Vos lois de justice? Nous
> n'avons rien à défendre.Vos lois
> de liberté ? Si nous ne travail-
> lons pas demain,nous mourrons.
> NECKER.

La Société actuelle est à ce point inhabitable,
qu'elle est devenue un enfer pour les campagnards,
petits fermiers et ouvriers agricoles.

Il faut l'avouer : l'ouvrier agricole a été plus
délaissé que l'ouvrier des villes — et ce n'est pas
peu dire. Celui-ci a, en enffet, des syndicats qui
l'aident — faiblement il est vrai — à défendre les
intérêts communs de la corporation, à s'unir et à
maintenir, sinon majorer, les salaires acquis grâce
à l'action syndicale.

Les fermiers et les petits propriétaires n'occupent
eux, aucune place dans l'évolution sociale et ne sont
pas plus avancés que leurs domestiques. *Ils vivent
trop isolés.*

Ils peinent toute l'année pour satisfaire (si la
récolte est bonne) le percepteur et les fournisseurs,
et cela non sans murmure, car percepteurs et
huissiers ont été de tout temps le cauchemar des
paysans.

Des gens doux et paisibles de la campagne le
Parlement ne s'en est guère soucié jusqu'ici. D'abord
l'action du paysan est pour ainsi dire nulle en poli-
tique. Arrivent les élections, les naïfs cultivateurs
se laissent prendre aux belles promesses et la secte
oppressive ne tarde pas a avoir raison d'eux. Bref,
le vote des paysans est compté à l'avance par la
bande opportuno-réactionnaire.

Pourtant ils sont les créateurs de la richesse

publique. Ils nourrissent le pays par leur travail. Ils ont par conséquent droit à plus de bien-être et de liberté. Mais savent-ils réellement quelles sont les causes de leur situation ? N'ayant pas réfléchi aux conditions actuelles de la vie, ils ignorent ses conséquences si dures pour eux. Et d'ailleurs, qui leur aurait tracé le chemin de l'émancipation ?

Assurément, ce n'est pas le châtelain ni le gros propriétaire ; ce n'est pas non plus le curé, ce prince de la campagne, qui, faisant l'éloge de la patience, de la résignation et du malheur même, trouve là le moyen de vivre grassement. Ce ne sont pas davantage ces politiciens uniquement préoccupés de leur réélection, commerçants de scrutins, qui disent que si le paysan est à plaindre, c'est parce que les produits alimentaires entrent librement dans le pays et prétendent adoucir l'existence de l'agriculteur français en frappant lourdement les denrées étrangères, alors que des hommes comme Jules Simon ont constamment combattu le régime protectionniste !

La vérité est que notre régime propriétaire terrien est injuste, au même rang que notre régime industriel. La terre est pour ainsi dire un instrument de travail, et de cette terre le paysan en tire les fruits nécessaires à la subsistance populaire. Cette même terre devrait, en bonne justice, appartenir à celui qui la cultive. Il n'en est pourtant pas ainsi et elle échappe de plus en plus à celui qui la fait produire, fructifier, à celui qui l'arrose de ses sueurs.

Personne, en effet, n'a fait la terre, et l'Histoire nous apprend que l'origine de la propriété du sol, c'est la conquête, la confiscation, l'accaparement.

Aussi peut-on reprendre, pour nos paysans, le refrain si connu :

> Sème le blé, bon prolétaire,
> C'est l'oisif qui récoltera.

Mais quel est donc le devoir du législateur ou, plutôt, du Parti Socialiste, quand il veut alléger les charges si lourdes du cultivateur ?

La cause principale du malaise agricole réside dans le taux élevé du fermage. Le prix de la terre (nous parlons de la terre en plaines), augmentant dans de grandes proportions, le cultivateur ne pouvant en posséder la moindre parcelle, se voit dans l'oblegation de gratter sur des rochers abruts. Le premier devoir du législateur doit donc être d'abattre cette pénible situation par le *Crédit agricole*.

Grâce à lui, on assurera au locataire *sortant* la propriété de la plus-value apportée par lui ; on nommera des experts chargés de fixer le taux du du fermage, et on arrivera à réduire partout la location des fermes de 40 à 50 0/0.

Enfin les campagnards en s'unissant, et grâce à la propagande socialiste des syndicats agricoles sont déjà pleins d'activité, pourront imposer leurs légitimes revendications qui seront accueillies par nous — l'interpellation Jaurès le prouve — avec un empressement et une bonne volonté tout différents de ceux que leur portent les repus du Centre-Gauche.

Que les élections prochaines ne soient pas indifférentes aux yeux de ces vaillants travaillenrs des campagnes, et bientôt on ne verra plus de jeunes laboureurs préférer à la charrue une vie de caserne ou, ce qui ne vaut pas mieux, une existence de misérables, de déclassés dans les villes déjà surchargées de meurt-de-faim.

L'IMPOT SUR LE REVENU

> On s'effraie des partis violents ;
> mais ils conviennent aux âmes
> fortes, et les caractères vigou-
> reux se reposent dans l'extrême.
>   CHAMFORT.

Etes-vous pour ou contre l'impôt ?

Au premier abord, cette question semble exagérée dans la bouche d'un bourgeois, surtout si celui-ci s'adresse à un travailleur.

A vrai dire, chaque citoyen sait que les routes ne se tracent pas d'elles-mêmes ; que la borne-fontaine n'a pas été confectionnée par la main de Dieu ; que les écoles exigent des dépenses avant et pendant leur fonctionnement ; qu'en un mot, tout ce qui constitue le bien public — le seul bien n'évoquant pas l'égoïsme — doit être érigé de par l'appoint de chacun.

Cependant, comme il y a des députés soucieux de leur mandat... d'amener et d'autres députés soucieux de leurs électeurs, il y a aussi impôt et impôt.

Ainsi, par exemple, dans une ville il s'agit d'un lycée. Qui contribue à couvrir les frais occasionnés par cet édifice ? Positivement, cela devrait incomber à ceux qui y ont profit.

Tel n'est pourtant pas le cas. Les privilégiés dont les enfants connaissent les avantages intellectuels offerts par l'enseignement universitaire, ne sont pas plus frappés que les opprimés de la société en ce qui touche la marche du lycée. C'est là, on en conviendra volontiers chez le dernier des optimistes, une profonde iniquité.

Pour nous, socialistes, le remède serait vite trouvé, si nous n'avions à considérer les esprits faits pour retarder la transformation sociale, mais, comme le cours d'eau a besoin d'affluents avant de devenir navigable, nous pensons que l'humnanité a été, est encore petite et nécessite des progrès incessants avant de constituer un *tout* habitable et tranquille.

Ces raisons suffisent, espérons-nous, à expliquer que nous sommes partisans des réformes momen-tanées parmi lesquelles l'*impôt sur le revenu*.

Oh ! nous n'attendons pas grand'chose du projet défendu jadis par le radical-tonkinois Doumer. En définitive son adoption par le parlement n'eut été, eu égard aux aspirations des humbles, qu'une goutte d'eau dans la mer. Mais ce qu'il ne faut pas oublier, c'est la fin de cette épave du régime féodal, nous voulons dire la *suppression des octrois* qui en était la logique conséquence.

N'est-il pas pitoyable, en effet, d'apercevoir une infortunée rurale passer au bureau pour « déclarer » deux sous de figues ?

Les capitalistes savent fort bien qu'il n'y à que celui qui possède qui doit payer. On paye l'impôt proportionnellement aux bienfaits de l'état social. Et quelles sont les jouissances du pauvre ? On en chercherait en vain.

Les riches veulent-ils réellement alléger les char-ges du producteur ? Si oui, pourquoi s'obstenent-ils à repousser toute tentative en ce sens ?

On nous objecte immédiatement que l'impôt sur le revenu est une réforme vexatoire et que le fisc n'aurait qu'une relative impartialité ! Mais les futurs imposés, en faisant bénéficier l'indigent de la surtaxe dont on les menace, détourneraient les investigations du fisc. Ce serait là, il nous semble, du véritable socialisme ! Mais bast ! autant parler d'humanisme avec Constans (de Fourmies).

En attendant, les mécontents imaginaires agiraient bien de méditer cette réflexion d'un des leurs :

« Moi que beaucoup de personnes considèrent « comme possédant 1 million, soit environ 30.000 fr.

« de rentes, si l'impôt sur le revenu est voté, ce que
« je souhaite de tout cœur, j'aurai à payer alors
« 825 francs. Je trouve malgré cela que je ne serai
« pas trop à plaindre et *je connais beaucoup de gens*
« *qui ne seraient pas fâchés de changer leur situation*
« *contre la mienne.* »

Qui parle ainsi ? Tout bonnement un homme
vivant de ses rentes et n'ayant pas une fortune
incalculable : le député modéré Alasseur.

Et que deviennent après cela les craintes mani-
festées par les gros financiers, par les abonnés des
départs pour Coblentz, par les protégés de Méline ?
La vérité est que le projet du ministère Bourgeois,
contre lequel a voté l'ami de Rouvier et de Jules
Roche — nous avons nommé le député Delcassé —
n'était pas aussi dangereux qu'on veut le prétendre.

On le voit. Il faut qu'aux prochaines élections les
candidats soient nettement mis en demeure de se
prononcer négativement sur cette importante
question de l'impôt sur le revenu. Les exemples du
successeur de feu Massip sont trop peu louables
pour les admettre sans protester.

A bas la palinodie !

LE PARLEMENTARISME

N'y a-t-il pas à réfléchir sur un
système qui nous force à aller
chercher des consommateurs au
bout du monde, quand nous
avons dans notre patrie des travailleurs qui y meurent de faim?

BLANQUI.

L'état d'esprit de la Société actuelle est tombé si
bas, que nos législateurs, malgré leur émolument et
l'immunité qui les couvre, ne peuvent se prémunir
contre l'affection dont est atteinte l'humanité.

A chaque session, et sous n'importe quel sujet, on
peut voir à travers les couloirs de la Chambre une
horde de grands pontifes du Capital venir conter,
au mépris de toute dignité, leurs peines (les pauvres) aux députés de droite, du centre et même de
gauche. — Rappelez-vous plutôt la discussion sur
le régime des sucres.

Eh bien, n'est-ce pas là une nouvelle affirmation
de l'urgence qu'il y a de refondre l'institution parle-
mentaire, d'exiger la revison de la Constitution et
d'étendre l'influence du corps électoral ?

Ainsi que nous l'avons dit dans la salle du Casino
devant la majorité des républicains fuxéens, le
député est *irresponsable* de son vote et, tout le premier, notre grand homme Delcassé ne l'ignore pas.
C'est sans doute pour ses motifs que l'auteur des
concessions Verdier change si souvent d'opinion....
si jamais il en eu une.

La principale préoccupation de nos honorables
est de faire grosse prébende aux puissants, avec les
deniers des contribuables, sans se soucier si ces
derniers ne la trouvent point amère.

Mais chaque mal a son remède et le remède contre
les rastas parlementaires a été agité maintes fois : le
mandat impératif doit être exigé.

De même que pour l'impôt sur le revenu, le candidat doit, au élections prochaines, s'il veut obtenir la confiance des vrais républicains, inscrire sur son programme qu'il accepte ce mandat. A cette seule condition les députés recouvreront la tradition d'honnêteté qu'ils semblent avoir perdue.

Si non, le suffrage universel, qui a fait tant d'amputations au parlementarisme, ne pourra plus endiguer le torrent formé par la sueur et le sang des prolétaires. C'est ce torrent qui, dans son courant exterminateur, entraînera les parlementaires.

Nous ne serons pas responsables de l'inondation !

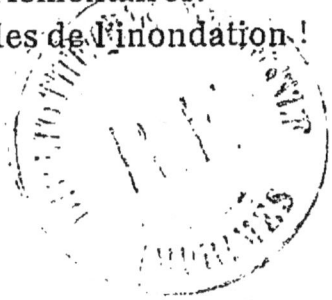

FIN

www.ingramcontent.com/pod-product-compliance
Lightning Source LLC
Chambersburg PA
CBHW060806280326
41934CB00010B/2575